La cultura de los calendarios

Dona Herweck Rice

✳ Smithsonian

Autora contribuyente

Heather Schultz, M.A.

Asesoras

Fernanda Luppani
Especialista de programa
National Museum of the American Indian

Vilma Ortiz-Sanchez
Especialista de programa del museo
National Museum of the American Indian

Tamieka Grizzle, Ed.D.
Instructora de laboratorio de CTIM de K-5
Escuela primaria Harmony Leland

Stephanie Anastasopoulos, M.Ed.
TOSA, Integración de CTRIAM
Distrito Escolar de Solana Beach

Créditos de publicación

Rachelle Cracchiolo, M.S.Ed., *Editora*
Diana Kenney, M.A.Ed., NBCT, *Realizadora de la serie*
Véronique Bos, *Directora creativa*
Caroline Gasca, M.S.Ed., *Gerenta general de contenido*
Smithsonian Science Education Center

Créditos de imágenes: pág.13 (superior) DeAgostini/Getty Images; págs.16–17 Prisma Archivo/Alamy; pág.23 (inferior, izquierda) Shapencolour/Alamy; pág.31 © Smithsonian; todas las demás imágenes cortesía de iStock y/o Shutterstock.

Library of Congress Cataloging-in-Publication Data

Names: Rice, Dona, author. | Smithsonian Institution.
Title: La cultura de los calendarios / Dona Herweck Rice, Smithsonian Institution.
Other titles: Culture of Calendars. English
Description: Huntington Beach, CA : Teacher Created Materials, [2022] | Includes index. | Audience: Grades 4-6 | Summary: "Time has fascinated people for thousands of years. We have struggled to find ways to keep track of time and predict patterns in nature. Ancient people watched the skies to study nature's cycles and mark them in time. From these, calendars were born. Though we may not be aware of it, we live by the time we keep"-- Provided by publisher.
Identifiers: LCCN 2021044094 (print) | LCCN 2021044095 (ebook) | ISBN 9781087643687 (paperback) | ISBN 9781087644158 (epub)
Subjects: LCSH: Calendar--Juvenile literature.
Classification: LCC CE13 .R5318 2022 (print) | LCC CE13 (ebook) | DDC 529/.3--dc23

Teacher Created Materials

5301 Oceanus Drive
Huntington Beach, CA 92649-1030
www.tcmpub.com
ISBN 978-1-0876-4368-7
© 2022 Teacher Created Materials, Inc.
Printed in Malaysia. THU001.47741

Contenido

Ya es hora

El sol sale y se pone, la primavera se convierte en verano, nacen bebés que se hacen mayores, se forman nuevas estrellas y las estrellas viejas mueren. Todos esos cambios son ciclos de la naturaleza que se repiten una y otra vez. Y al repetirse, los consideramos indicios del paso del tiempo. Decimos que el tiempo avanza, sigue su curso, pasa para todos y no espera a nadie.

El tiempo no es algo que podamos ver, tocar ni oler. Pero se puede medir en minutos, horas, días y años. Lo medimos a diario con relojes, y a través de los años con los calendarios. Incluso usamos cambios que observamos en la naturaleza para registrar el tiempo.

Pero ¿por qué registramos el tiempo y qué pasaría si no lo hiciéramos? ¿Quién creó la idea de calendario? ¿Cómo han cambiado y evolucionado los calendarios? ¿Por qué las distintas culturas utilizan diferentes calendarios? ¿Y por qué los calendarios son tan importantes para nosotros?

Ya es hora de que lo descubramos.

Venus

En Venus, un día dura más que un año:
Venus tarda más en rotar sobre su eje
que en dar una vuelta alrededor del Sol.

Por qué es importante medir el tiempo

Cuando empieza un nuevo día, en todo el mundo la gente se despierta. Probablemente tengan que ir al trabajo o a la escuela a determinada hora. Tal vez tengan que tomar el tren o un autobús, o reunirse con las personas con quienes compartirán el automóvil. A lo largo del día, pueden tener citas y reuniones, asistir a clases o tomar recreos, y todo eso se realiza siguiendo un horario. Por la tarde, pueden volver a casa y compartir comidas con su familia. Pueden ver programas de televisión en horarios específicos o compartir cuentos antes de dormir.

A diario, muchas personas viven al compás de relojes y calendarios. El día de la semana y la hora del día los ayudan a saber qué hacer y dónde estar. Muchos incluso desarrollan un sentido del tiempo conocido como **reloj biológico**.

Pero no siempre podemos confiar en nuestro reloj biológico. Necesitamos herramientas para medir el tiempo. La mayoría de las personas utilizan a diario algún dispositivo que marca la hora. Puede ser un reloj o un teléfono celular. Para ver una película o un partido de fútbol, ir a una clase de piano, visitar a un médico o viajar en avión hay que seguir un horario. Si no sabes el día y la hora, te pierdes el evento. Tener noción del tiempo es importante.

Un año **solar** es el tiempo que tarda la Tierra en dar una vuelta alrededor del Sol.

La vida misma

Medir el tiempo es importante más allá de lo que hagamos a diario. También es importante para la vida misma.

Para sobrevivir, todo ser vivo debe nutrirse, o alimentarse. Durante gran parte de la historia, los seres humanos han utilizado el ciclo de las estaciones para cultivar la tierra y gozar de sus bondades. Aprendieron cuándo plantar y cuándo cosechar. La primavera y el verano suelen ser la temporada de siembra y crecimiento. El otoño es la época de cosecha. En el invierno, las plantas suelen morir o descansar. Pasar por alto los momentos clave del ciclo de las estaciones podía significar la diferencia entre la vida y la muerte.

Con el tiempo, la humanidad aprendió a buscar cambios en el Sol, la Luna y las estrellas. Esos cambios los ayudaban a saber cuándo comenzaban y terminaban las estaciones. Las personas sabían que los cambios se repetían en ciclos. Y podían contar con los efectos de esos cambios. Al usar esos ciclos como guía, sabían qué esperar y en qué momento.

Las estaciones de la Tierra

Equinoccio de primavera
21 de marzo

Primavera

Invierno

23.5°

Solsticio de verano
22 de junio

Verano

Otoño

Solsticio de invierno
22 de diciembre

Equinoccio de otoño
23 de septiembre

CIENCIAS

Hay estaciones

Las estaciones son causadas por el movimiento de la Tierra alrededor del Sol. La Tierra está inclinada sobre un eje imaginario de norte a sur. Se inclina hacia el Sol durante el verano en el hemisferio norte (en el hemisferio sur es invierno). Esa inclinación proporciona más luz solar a la parte norte del planeta. La Tierra se inclina en dirección opuesta al Sol durante el invierno del hemisferio norte. Como resultado, hay menos luz solar en ese hemisferio.

La lechuga se cultiva en la primavera y en el verano.

Los mayas y sus notables calendarios

La humanidad ha usado calendarios desde hace miles de años. Quienes hicieron los primeros calendarios los crearon mirando el cielo. Esos primeros calendarios marcaban los días, que podían observarse desde el amanecer hasta el atardecer. También señalaban los meses, que podían observarse por el ciclo de la Luna. Cada luna nueva marcaba el comienzo de un nuevo mes.

Las primeras culturas pensaban que el paso del tiempo y el ciclo de las estaciones eran obra de los dioses. Por eso los calendarios eran **sagrados**. Registraban lo que los dioses hacían (o harían) y el momento en el que lo harían.

Nadie sabe con seguridad quién hizo el primer calendario. Se utilizaron diferentes sistemas en muchos lugares del mundo. Cada uno señalaba y predecía la actividad de los dioses. Egipto y la Mesopotamia fueron unas de las primeras civilizaciones en crear calendarios. Muchas culturas centroamericanas también crearon calendarios. Una de esas culturas fueron los mayas. Las mayas hicieron el más **complejo** y preciso de todos los sistemas de calendarios.

Esta piedra fue utilizada como calendario por el pueblo azteca.

Un ciclo **lunar** es el tiempo que tarda la Luna en pasar por todas sus fases, desde una luna nueva hasta la siguiente. Dura aproximadamente 29.5 días.

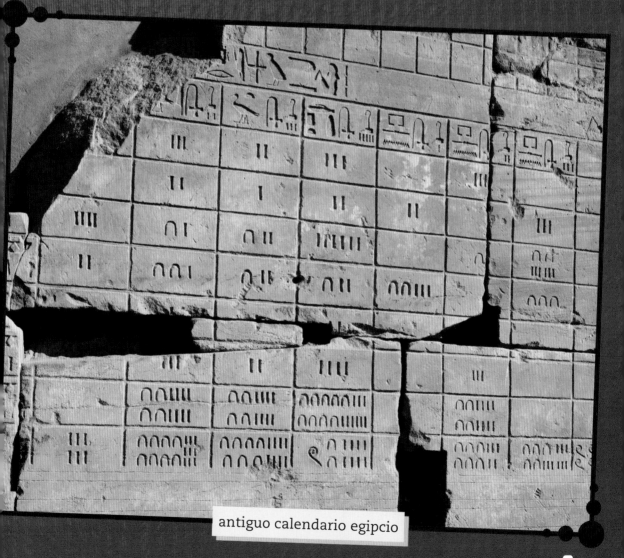

antiguo calendario egipcio

Los mayas

La civilización maya se creó en el año 1800 a. C. aproximadamente. Todavía viven algunos mayas en México y América Central. Antes del siglo x, los mayas construyeron grandes ciudades. La agricultura era su principal fuente de alimentos. Los mayas seguían los ciclos de la naturaleza para realizar sus cultivos. Parte de la vida maya estaba relacionada con los ciclos de naturaleza. Eran importantes para ellos.

Los calendarios mayas se crearon para hacer un seguimiento del Sol y de las estaciones. Ayudaban a los mayas a entender cómo trabajar con la naturaleza. Los mayas vieron que algunos de los ciclos de la naturaleza eran como sus propios ciclos de vida. Entendieron que todo estaba conectado. Respetaban la naturaleza. Sus calendarios les ayudaban a cultivar alimentos y a honrar los ciclos de la vida.

Cuando alguien llegaba a los 52 años, se le consideraba anciano. Ese número provenía de la observación de la naturaleza y sus ciclos. También era muy importante en los calendarios mayas.

templo y estructuras mayas

12

Esta ilustración realizada en el siglo xx muestra cómo puede haber sido la civilización maya.

templo maya

INGENIERÍA

Construimos esta ciudad

Los mayas construyeron varias ciudades magníficas. Muchas fueron construidas alrededor de imponentes templos. Eran increíbles logros de arquitectura para la época. Las torres fueron diseñadas para alinearse con el Sol, la Luna y las estrellas. La posición de las edificaciones en relación con el Sol, la Luna y las estrellas ayudaba a registrar el paso del tiempo. Los templos mismos eran un tipo de calendario.

El Haab

Los mayas estaban fascinados con los ciclos del tiempo. Desarrollaron muchos calendarios, algunos más conocidos que otros. Son el Haab, el Tzolk'in, la Rueda Calendárica y el calendario de la Cuenta Larga. Cada uno de ellos forma parte del sistema general de calendarios mayas.

El Haab tiene 19 meses. Cada mes se anota con uno o más **jeroglíficos**. Los primeros 18 meses tienen 20 días cada uno. El último mes tiene 5 días y se llama Wayeb. Es un mes lleno de rituales, y se cree que es una época del año peligrosa. En total, el Haab tiene 365 días. Por lo tanto, casi coincide con el año solar. Un año solar tiene unos 365.25 días. Hoy en día, la mayor parte del mundo utiliza un calendario basado en el año solar.

El Haab ya no se utiliza por sí solo. Se fusionó con el calendario de la Iglesia **católica**. Lo mismo pasó con gran parte de la religión maya.

calendario Haab

Pop Wo' Sip Sotz' Sek

Xul Yaxk'in' Mol Ch'en Yax

Sak' Keh Mak K'ank'in Muwan

Pax K'ayab Kumk'u Wayeb

los meses mayas

Símbolos del calendario

Los calendarios mayas contienen jeroglíficos. Los jeroglíficos no solo nombran los meses, sino que también **retratan** algunos de sus aspectos clave. Esos símbolos siguen siendo habituales en los calendarios. En la mayoría de los casos, representan días festivos, acontecimientos especiales y ciclos lunares. También son números que marcan fechas. Los calendarios modernos también pueden incluir ilustraciones y fotos. Pero ese arte suele ser decorativo. No está pensado para ofrecer información, como en el caso de los símbolos.

El Tzolk'in

Algunos mayas utilizan el calendario Tzolk'in en la actualidad. Es su calendario religioso. Se trata de un sistema complejo que incluye 20 días con nombre y 13 números para obtener un total de 260 días.

La duración total de ese calendario es más o menos equivalente a nueve ciclos lunares. También es el tiempo que lleva cultivar el maíz, un alimento básico para los mayas. Y es más o menos el tiempo que tarda un bebé humano en crecer en la panza de su madre.

Los "guardianes del día" siguen siendo personas importantes en algunas comunidades mayas. Son guías espirituales que siguen los calendarios y también brindan orientación y apoyo a la comunidad.

Esos ciclos son importantes para los mayas. Para ellos, la Luna, las cosechas y sus ciclos corporales tienen una conexión **divina**.

El Códice de Madrid es un libro antiguo que describe las costumbres y la cultura mayas. En él, el Tzolk'in se muestra con 260 puntos, que indican el paso del tiempo. Según ese libro, el tiempo avanza como una serpiente entre los días. Si los días se muestran en forma de gráfica, se ve el patrón **serpcnteante**.

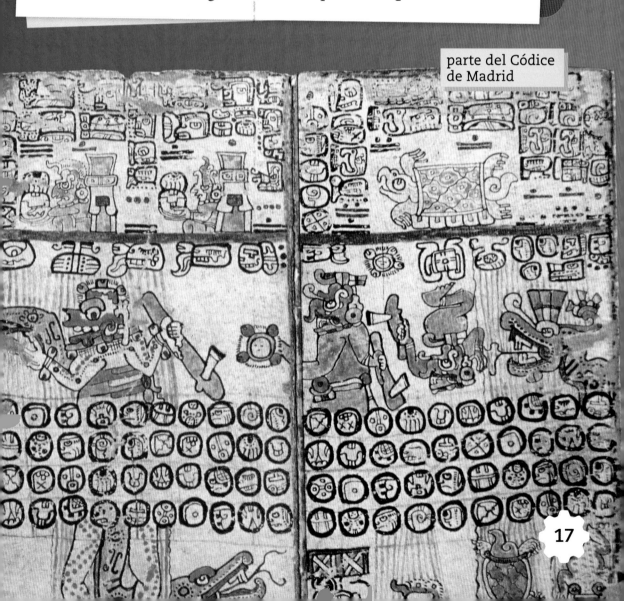

parte del Códice de Madrid

La Rueda Calendárica

Debido a que el Haab y el Tzolk'in tienen distinta longitud, las fechas no coinciden de un año a otro. Eso puede ser confuso. Piensa en el día en que naciste. Sería una fecha en el calendario Haab y otra en el calendario Tzolk'in. Exactamente un año (o 365 días) después, tu cumpleaños caería en el mismo día en el calendario Haab, pero sería otro día en el Tzolk'in. De hecho, los dos días solo volverían a coincidir en el Tzolk'in 52 años después. Ese ciclo tiene su propio calendario. Se llama la Rueda Calendárica. Por eso las personas son consideradas ancianas cuando llegan a los 52 años de edad.

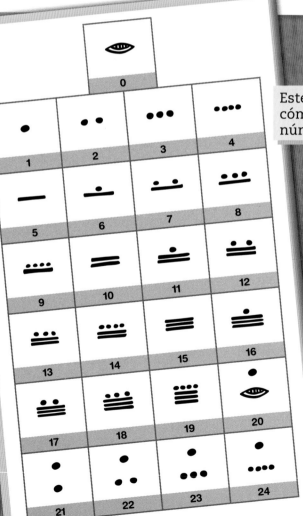

Este gráfico muestra cómo escribían los números los mayas.

El calendario de la Cuenta Larga

El calendario maya más largo es el de la Cuenta Larga. ¡Un solo ciclo del calendario de la Cuenta Larga dura más de cinco mil años! El primer ciclo del calendario de la Cuenta Larga comenzó en la fecha de la creación de la civilización maya. En nuestro calendario, esa fecha sería el 11 de agosto de 3114 a. C. La Cuenta Larga terminó el 21 de diciembre de 2012. La gente temía que esta fecha marcara el fin de los tiempos. Por supuesto, no fue así. Para los mayas, el final de un ciclo marca el comienzo del siguiente.

Tzolk'in

Haab

Esta ilustración muestra cómo los calendarios mayas funcionan en conjunto para crear el calendario de la Cuenta Larga.

Otros calendarios y culturas

Los mayas elaboraron el sistema de calendarios más preciso de su época. Pero el suyo no fue el único. Por supuesto, tampoco es el único en la actualidad. De hecho, hay muchos calendarios que se utilizan hoy en día. A menudo, se usan junto con el calendario gregoriano. Ese es el principal calendario **cívico** y comercial del mundo.

El calendario gregoriano

El calendario gregoriano tiene 12 meses. Los meses son como los ciclos lunares. Tienen entre 28 y 31 días. Un año tiene 365 días. Eso es similar a un año solar. En realidad, el año solar es 5 horas y 49 minutos más largo. Para compensar esa diferencia, se añade un día al calendario gregoriano cada cuatro años. Ese año se llama **año bisiesto**. Pero algunos años bisiestos se saltean porque el día bisiesto es 44 minutos más largo de lo necesario.

Febrero tiene 29 días en los años bisiestos y 28 días en los años no bisiestos.

En 1752, el calendario británico se salteó 11 días. Pasó del 2 de septiembre al 14 de septiembre, cuando Gran Bretaña adoptó el calendario gregoriano.

Esta es una estatua del papa Gregorio XIII, que impulsó el uso del calendario gregoriano.

MATEMÁTICAS

Un hueco de 44 minutos

Un año solar es 5 horas y 49 minutos (339 minutos) más largo que el año del calendario gregoriano. En cuatro años, esa diferencia suma 1,396 minutos. Al añadirse un día a cada año bisiesto, se añaden al calendario 24 horas, o 1,440 minutos. Pero eso es 44 minutos más que la diferencia con el año solar. Por eso, algunos años que normalmente serían bisiestos no tienen ese día extra.

Calendarios religiosos

Uno de los mayores problemas de los calendarios es hacerlos coincidir con el año solar. Lo más frecuente es que se necesiten horas y días adicionales para completar un ciclo. Pero no todos los calendarios funcionan así. Los calendarios que no se ajustan al año solar no se alinean con las estaciones. Es el caso del calendario islámico. Ese calendario incluye 12 meses lunares. Las festividades del calendario islámico se basan en la luna nueva.

En los calendarios lunares, los meses suelen tener 29 o 30 días. El primer día de cada mes coincide con la luna nueva.

fases de la Luna

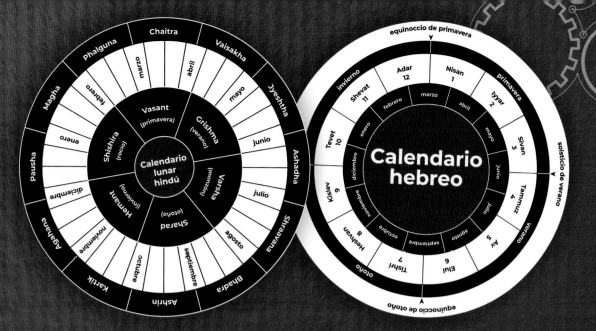

Los calendarios hebreo e hindú también siguen los ciclos lunares. Pero, además, utilizan el año solar. Eso es para que las festividades ocurran en ciertas estaciones. Para ello, se añade un mes bisiesto cada dos o tres años.

La Iglesia católica sigue el calendario litúrgico. Se organiza según los principales tiempos y acontecimientos de la Iglesia. Las fechas pueden variar. Pero siempre caen en ciertas estaciones del año solar. Por ejemplo, la Pascua no es siempre el mismo día. Pero siempre es en la primavera.

El calendario chino

China utiliza dos calendarios diferentes. El calendario gregoriano se utiliza para la vida diaria. El calendario chino se usa para la agricultura y las festividades, y para planificar los mejores días para los grandes acontecimientos. Son días de buena suerte.

Cada mes del calendario chino comienza con la luna nueva. Dura entre 29 y 30 días. Un año normal tiene entre 353 y 355 días. Por eso se añade un mes bisiesto cada 8 o cada 11 años. Así, se completan los días que faltan para estar en sintonía con el año solar.

El calendario chino se basa en ciclos lunares y solares. Esos ciclos se repiten durante 60 años. Este ciclo largo incluye 10 "troncos celestes" y 12 "ramas terrestres". Los troncos se repiten seis veces, lo que da 60. Las ramas se repiten cinco veces, lo que da 60. Luego, comienza un nuevo ciclo largo.

Cada rama terrestre está relacionada con un animal. Ese ciclo de animales es conocido como zodiaco. Se dice que cada animal trae buena fortuna al año y a las personas nacidas bajo su influencia. El Año Nuevo chino cae entre el 21 de enero y el 20 de febrero. Cae en una fecha diferente cada año. ¡Pero es siempre una gran celebración!

TECNOLOGÍA

Herramientas astronómicas

Desde la antigüedad, se han fabricado herramientas para estudiar el cielo. Esas fueron las semillas de la ciencia que hoy llamamos **astronomía**. Algunas de las primeras herramientas fueron las cartas y atlas estelares. La humanidad encontró maneras de comprobar el brillo de las estrellas, registrar las sombras que produce el sol, anotar las fases lunares y estudiar la posición de los objetos celestes. El calendario mismo fue, al principio, una herramienta astronómica.

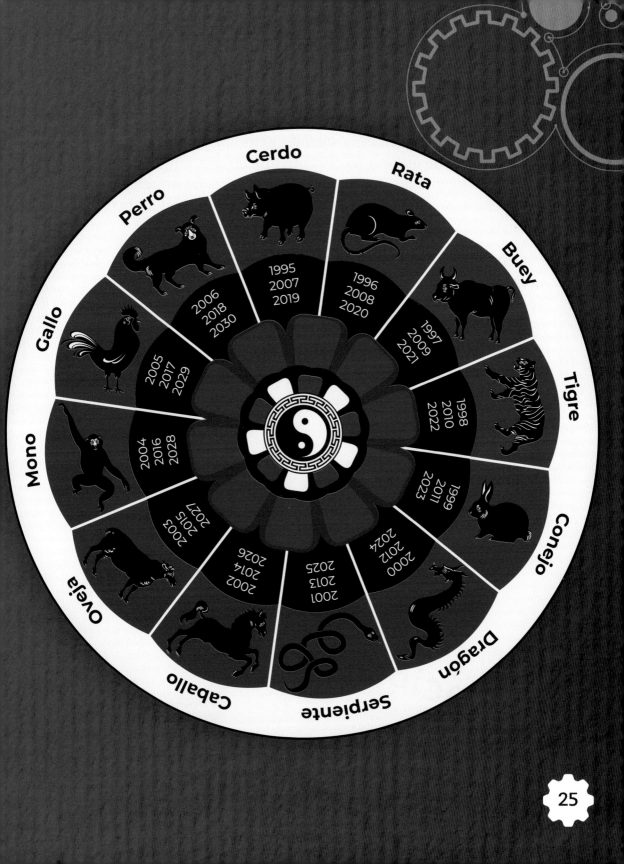

Cerdo

Rata

Perro

Buey

Gallo

Tigre

Mono

Conejo

Oveja

Dragón

Caballo

Serpiente

1995 2007 2019

1996 2008 2020

1997 2009 2021

1998 2010 2022

1999 2011 2023

2000 2012 2024

2001 2013 2025

2002 2014 2026

2003 2015 2027

2004 2016 2028

2005 2017 2029

2006 2018 2030

El tiempo y más allá

Todos los días medimos el tiempo. Usamos el tiempo sin detenernos a pensar en él. Y cuando pensamos en el tiempo, nos damos cuenta de que es un concepto mucho más amplio de lo que habíamos imaginado. Es algo más que el tictac de un reloj o que dar vuelta una página del calendario. Se relaciona con los patrones del sistema solar y el lugar que ocupa la humanidad en él.

Dependemos del tiempo para saber adónde ir y qué hacer. Lo utilizamos para marcar lo que ha sucedido y para prever lo que vendrá. Algunas personas tratan de vivir fuera del tiempo, sin depender de él. Pero eso es casi imposible. Para poder vivir con otras personas, el tiempo es esencial.

El tiempo es una herramienta que puede ayudar a las personas a trabajar juntas. El tiempo avanza, queramos o no. No podemos detenerlo ni volver atrás. Es mejor seguir el compás del tiempo a medida que avanza.

Los meses de septiembre a diciembre eran el séptimo al décimo mes en el antiguo calendario romano. Llevaban el nombre de los números 7 a 10 en latín. Ahora, son los meses 9 a 12.

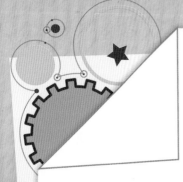

DESAFÍO DE CTIAM

Define el problema

Un terremoto ha agrietado el reloj solar de la ciudad, que está hecho de piedra. Los encargados del planeamiento de la ciudad quieren reemplazarlo por una escultura que sea más agradable a la vista y que también sirva para saber la hora del día según la sombra que proyecta la escultura. Tu tarea consiste en crear un modelo de esa escultura.

 Limitaciones: El modelo no puede medir más de 30 centímetros (12 pulgadas) de alto por 30 centímetros (12 pulgadas) de ancho. Tu modelo debe representar a tu ciudad de una manera única.

 Criterios: Tu escultura funcionará como un reloj solar que pueda leerse fácilmente y que indique la hora a la media hora más próxima. (**Nota:** Se puede utilizar una linterna para representar el sol si el cielo está nublado o si la luz solar es limitada).

Investiga y piensa ideas

¿Cómo cambian las sombras a lo largo del día? ¿Cuál es la posición del Sol en el cielo en diferentes momentos del día? ¿Qué tipos de objetos dan buena sombra? ¿Por qué esos objetos dan buena sombra? ¿Cómo vas a "leer" la sombra de la escultura para saber la hora aproximada?

Diseña y construye

Bosqueja tu diseño. Asegúrate de incluir los materiales que usarás para hacer la escultura en tamaño real. Construye el modelo.

Prueba y mejora

Coloca tu escultura al sol y sigue su sombra a lo largo del día. ¿Creó tu escultura una sombra clara? ¿Cómo puedes mejorarla? Modifica tu diseño y vuelve a intentarlo.

Reflexiona y comparte

¿Qué tan fácil sería para otra persona decir la hora aproximada con tu modelo? ¿Qué tamaño tendría tu escultura real? ¿Puedes probar el modelo de una manera nueva?

Glosario

año bisiesto: un año con uno o más días adicionales para completar un ciclo del calendario

astronomía: el estudio científico de las estrellas, los planetas y otros objetos del espacio exterior

bondades: ventajas, cosas buenas

católica: relacionada con una rama del cristianismo conocida como la Iglesia Católica Romana, que está dirigida espiritualmente por el papa

celestes: relacionados con el cielo

cívico: relacionado con el gobierno de un lugar

complejo: que no es fácil de entender o explicar

cosechar: recoger frutos, generalmente de un cultivo, cuando están maduros

divina: relacionada con los dioses

jeroglíficos: representaciones de palabras o ideas en forma de imágenes, utilizadas como lenguaje escrito

lunar: relacionado con la Luna

reloj biológico: una función del cuerpo que detecta el paso del tiempo

retratan: muestran

sagrados: que inspiran respeto por estar relacionados con los dioses

serpenteante: con forma de serpiente

solar: relacionado con el Sol

zodiaco: un área imaginaria del cielo que, según se dice, recorren el Sol, las estrellas y la Luna; está dividida en 12 partes que se cree que afectan a las personas

Índice

¿Quieres aprender sobre el pasado?
Estos son algunos consejos para empezar.

"No dejes que nadie te diga que no puedes hacer algo. Todo es posible si tú estás dispuesto a esforzarte. La vida está formada por todas las experiencias que conducen a tus éxitos, incluso tus fracasos". —*Fernanda Luppani, especialista de programa*

"Una vez escuché a un anciano decir que el conocimiento maya está en la gente. Comparó a las personas con un gran campo de maíz. Cuando el maíz está maduro, hay miles de mazorcas con granos de los cuatro colores sagrados. 'Cada grano es un mundo de conocimientos y ningún grano se parece a otro', dijo el anciano. En un gran campo de maíz, uno tiene la suerte de obtener uno o dos granos. Encuentra tus talentos y desarróllalos".
—*José Barreiro (Taino), curador, subdirector del museo*

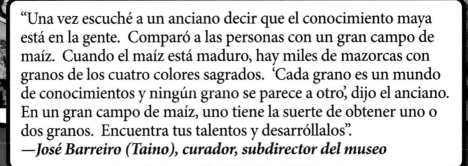